Impressum
Verlag: BABADADA GmbH, Nedderfeld 112 , 22529 Hamburg
Geschäftsführer / Verlagsleitung: Harald Hof
Druck: Books on Demand GmbH, In de Tarpen 42, 22848 Norderstedt

Imprint
Publisher: BABADADA GmbH, Nedderfeld 112 , 22529 Hamburg, Germany
Managing Director / Publishing direction: Harald Hof
Print: Books on Demand GmbH, In de Tarpen 42, 22848 Norderstedt, Germany

shkolla

בית ספר

klasa
כיתה
pjesëtim
חילק
186/2
tabela
לוח
oborr shkolle
mësues
מורה
letër
נייר
shkruaj
כתב
stilolaps
עט
tavolinë
שולחן עבודה
vizore
סרגל
libri
ספר
nxënës
תלמיד

çantë

ילקוט

mbajtëse lapsash

קלמר

laps

עיפרון

mprehës lapsash

מחדד

gomë

גומי מחיקה

fletore vizatimi

חוברת סרטוט

2

vizatim

סרטוט

penel

מברשת

kuti bojërash

קופסת צבעים

gërshërë

מספריים

ngjitës

דבק

fletore detyrash

ספר תרגול

detyrë shtëpie

שיעור בית

12

numër

מספר

2+2

mbledh

חיבר

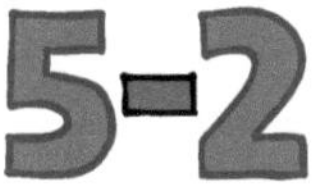

5-2

zbres

חיסר

2×2

shumëzoj

הכפיל

llogaris

חישב

A

gërmë

אות

ABCDEFG
HIJKLMN
OPQRSTU
VWXYZ

alfabeti

אלפבית

fjalë

מילה

tekst

טקסט

lexoj

קרא

shkumës

גיר

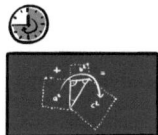

mësim

שיעור

regjistër

יומן נוכחות

provim

מבחן

çertifikatë

תעודה

uniformë shkolle

תלבושת בית ספר

arsimim

חינוך

enciklopedia

אנציקלופדיה

universitet

אוניברסיטה

mikroskop

מיקרוסקופ

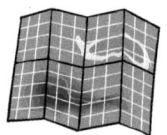

hartë

מפה

kosh letrash

סל נייר

udhëtim
נסיעה

hotel
מלון
bujtinë
הוסטל
pikë këmbimi valutor
המרת מטבע
valixhe
מזוודה
makinë
אוטו

gjuhë

שפה

po / jo

כן / לא

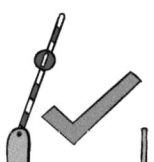

Në rregull

בסדר

ç'kemi

שלום

përkthyes

מתרגם

Faleminderit

תודה

sa kushton...?

?.....כמה עולה

nuk e kuptoj

אני לא מבין

problem

בעיה

Mirëmbrëma!

ערב טוב!

Mirëmëngjes!

בוקר טוב!

Natën e mirë!

לילה טוב!

mirupafshim

להתראות

drejtim

כיוון

bagazhet

כבודה

çantë

תיק

çantë shpine

תרמיל גב

mysafir

אורח

dhomë

חדר

thes gjumi

שק שינה

tendë

אוהל

informacion për turistët

מרכז מידע לתיירים

plazh

חוף ים

kartë krediti

כרטיס אשראי

mëngjes

ארוחת בוקר

drekë

ארוחת צהריים

darkë

ארוחת ערב

Biletë

כרטיס

ashensor

מעלית

pulla

בול

kufi

גבול

doganë

מכס

ambasadë

שגרירות

vizë

אשרה

pasaportë

דרכון

transport

תחבורה

aeroplan
מטוס
anije
אונייה
makinë zjarrfikëse
כבאית
autobus
אוטובוס
kamion
משאית
motoskaf
סירת מנוע
biçikletë
אופניים
makinë
אוטו

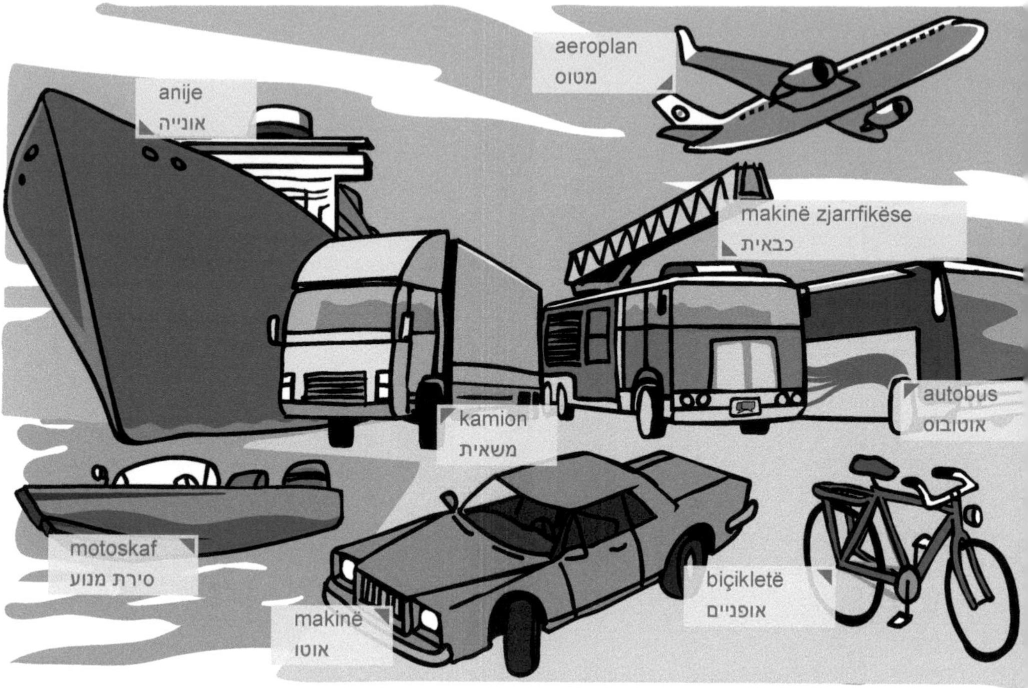

traget

מעבורת

varkë

סירה

motoçikletë

אופנוע

makinë policie

ניידת משטרה

makinë garash

מכונית מרוץ

makinë me qira

רכב שכור

arje e qirasë së makinës

מכוניות בשיתוף

karroatrec

אוטו גרר

makinë plehrash

משאית זבל

motor

מנוע

benzinë

דלק

pikë karburanti

תחנת דלק

sinjalistikë trafiku

תמרור

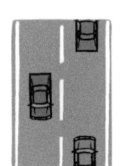

trafik

תנועה

bllokim trafiku

פקק תנועה

parkim makinash

חניה

stacion treni

תחנת רכבת

trase

פסי רכבת

tren

רכבת

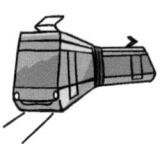

tramvaj

רכבת קלה

karro

קרון

helikopter

מסוק

aeroport

שדה-תעופה

kullë

מגדל

pasagjer

נוסע

kontenier

קונטיינר

kuti kartoni

קרטון

qerre

עגלה

shportë

סל

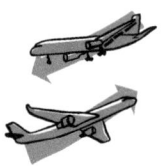

ngrihem / ulem

המראה / נחיתה

qytet

עיר

fshat

כפר

qendra e qytetit

מרכז העיר

shtëpi

בית

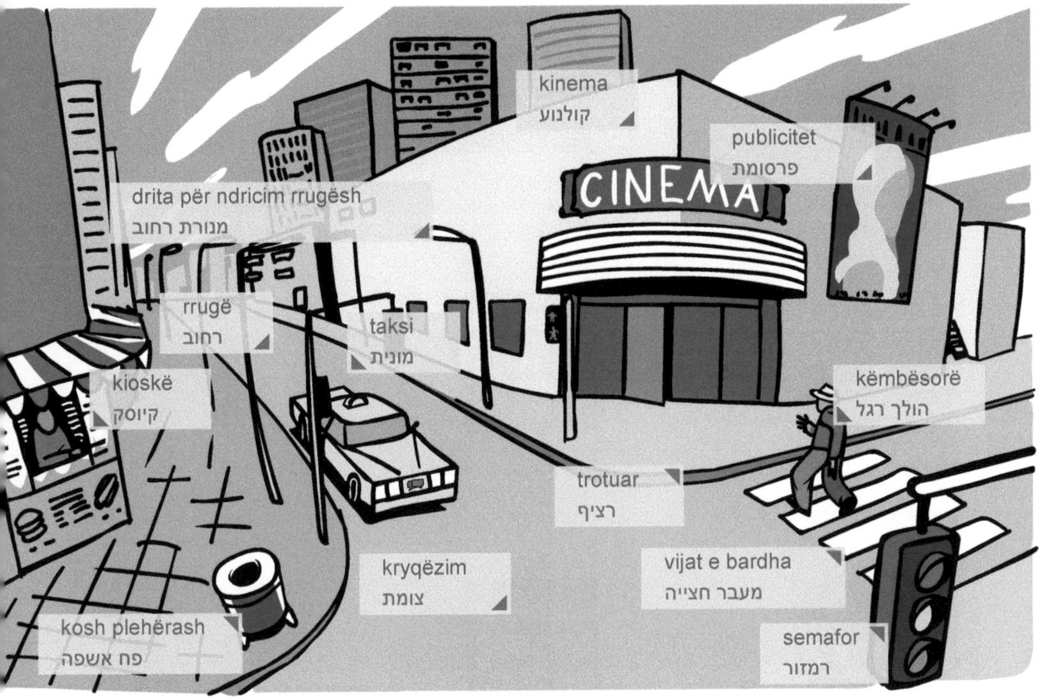

kinema
קולנוע
publicitet
פרסומת
CINEMA
drita për ndricim rrugësh
מנורת רחוב
rrugë
רחוב
taksi
מונית
kioskë
קיוסק
këmbësorë
הולך רגל
trotuar
רציף
kryqëzim
צומת
vijat e bardha
מעבר חצייה
kosh plehërash
פח אשפה
semafor
רמזור

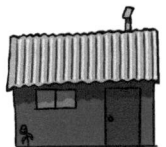

kasolle

בקתה

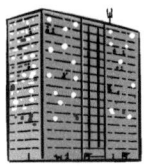

apartament

דירה

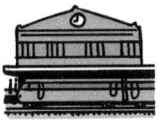

stacion treni

תחנת רכבת

bashki

עירייה

MUSEUM

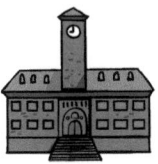

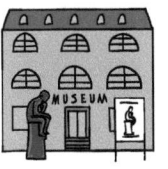

muze

מוזיאון

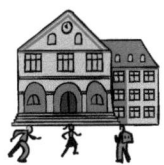

shkolla

בית ספר

universitet

אוניברסיטה

bankë

בנק

spital

בית חולים

hotel

מלון

farmaci

בית מרקחת

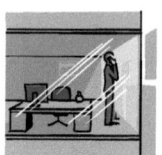

zyrë

משרד

librari

חנות ספרים

dyqan

חנות

dyqan lulesh

חנות פרחים

supermarket

סופרמרקט

market

שוק

mapo

כל-בו

dyqan peshku

מוכר דגים

qëndër tregtare

קניון

port

נמל

park

פארק

stol

ספסל

urë

גשר

shkallë

מדרגות

metro

רכבת תחתית

tunel

מנהרה

stacion autobuzi

תחנת אוטובוס

bar

בר

restorant

מסעדה

kuti postare

תא דואר

sinjalistikë rrugore

שלט רחוב

kohëmatës parkimi

מדחן

kopsht zoologjik

גן חיות

pishinë

בריכת שחיה

xhami

מסגד

fermë

חווה

ndotje

זיהום

varrezë

בית עלמין

kishë

כנסייה

shesh lojërash

מגרש משחקים

tempull

בית מקדש

peisazh

נוף

gjethe
עלה

tabela orientuese
תמרור

rrugë
דרך

livadh
מרעה

gurë
אבן

ekskursionist
מטייל

pemë
עץ

lumë
נהר

bar
דשא

lule
פרח

luginë

בקעה

kodër

הר

liqen

אגם

pyll

יער

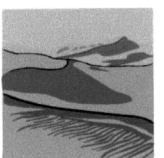

shkretëtirë

מדבר

vullkan

הר געש

kështjellë

טירה

ylber

קשת בענן

kepudhë

פטריה

palmë

דקל

mushkonjë

יתוש

mizë

זבוב

milingonë

נמלה

bletë

דבורה

merimangë

עכביש

brumbull

חיפושית

bretkosë

צפרדע

ketër

סנאי

iriq

קיפוד

lepur

ארנב

buf

ינשוף

zog

ציפור

mjellmë

ברבור

derr i egër

חזיר בר

dre

צבי

dre brilopatë

אייל הקורא

digë

סכר

turbinë ere

טורבינת רוח

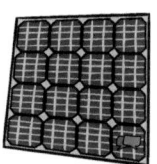

panel diellor

פנל סולארי

klimë

אקלים

restorant
מסעדה

kamarier
מלצר
menu
תפריט
karrige
כסא
supë
מרק
pica
פיצה
set ngrënieje
סכו"ם
mbulesë tavoline
מפת שולחן

pjatë e parë
....
מנת פתיחה

pjatë kryesore
....
מנה עיקרית

ëmbëlsirë
....
קינוח

pije
....
שתיות

ushqim
....
אוכל

shishe
....
בקבוק

ushqim i shpejtë

מזון מהיר

ushqim i shërbyer në rrugë

אוכל רחוב

ibrik çaji

קנקן תה

kuti sheqeri

מסכרת

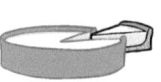

racion

מנה

makinë kafeje ekspres

מכונת אספרסו

karrige e lartë

כסא תינוק

faturë

חשבון

tabaka

מגש

thika

סכין

pirun

מזלג

lugë

כף

lugë çaji

כפית

pecetë

מפית

gotë

כוס

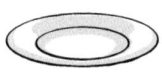

pjatë

צלחת

pjatë supe

קערת מרק

pjatë filxhani

תחתית

salcë

רוטב

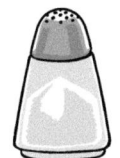

mbajtëse kripe

מלחייה

mulli piperi

מטחנת פלפל

uthull

חומץ

vaj

שמן

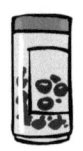

erëza

תבלינים

keçap

קטשופ

mustardë

חרדל

majonezë

מיונז

supermarket

סופרמרקט

ofertë speciale
מבצע
FOR
klient
לקוח
produkte bulmeti
מוצרי חלב
frut
פירות
karrocë pazari
עגלת קניות

dyqan mishi

אטליז

furrë buke

מאפייה

peshoj

שקל

perime

ירקות

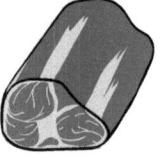

mish

בשר

ushqim i ngrirë

מזון קפוא

copë

בשר קר

ushqim i konservuar

שימורים

pluhur larës

אבקת כביסה

ëmbëlsirat

ממתקים

prodhime shtëpie

מוצרי בית

produkte pastrimi

חומר ניקוי

shitëse

מוכרת

kasë fiskale

קופה

arkëtar

קופאי

listë blerjeje

רשימת קניות

oraret e punës

שעות פתיחה

portofol

ארנק

kartë krediti

כרטיס אשראי

çantë

תיק

qese plastike

שקית נילון

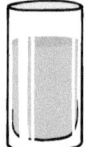

pije
שתיות

ujë

מים

lëng frutash

מיץ

qumësht

חלב

koka-kola

קולה

verë

יין

birrë

בירה

alkool

אלכוהול

kakao

קקאו

çaj

תה

kafe

קפה

kafe ekspres

אספרסו

kapuçino

קפוצ'ינו

ushqim

אוכל

banane

בננה

mollë

תפוח

portokalle

תפוז

pjepër

אבטיח

limon

לימון

karrotë

גזר

hudhër

שום

bambu

במבוק

qepë

בצל

kërpudha

פטריות

arra

אגוזים

makarona

אטריות

spageti

ספגטי

oriz

אורז

sallatë

סלט

patate të skuqura

צ'יפס

patate të skuqura

צ'יפס

pica

פיצה

hamburger

המבורגר

sanduiç

כריך

shnicel

שניצל

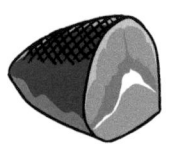

proshutë

שינקין

sallam

סלאמי

salçiçe

נקניקיה

pulë

עוף

skuq

טיגון

peshk

דג

tërshërë

שיבולת שועל

drithëra

מוזלי

kornfleiks

קורנפלקס

miell

קמח

kruasant

קרואסון

panine

לחמנייה

bukë

לחם

tost

טוסט

biskotë

עוגיות

gjalp

חמאה

gjizë

גבינה לבנה

tortë

עוגה

vezë

ביצה

vezë sy

ביצת עין

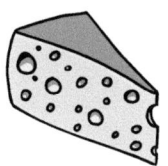

djathë

גבינה

akullore

גלידה

sheqer

סוכר

mjaltë

דבש

marmaladë

ריבה

çokokrem

ממרח נוגט

këri

קארי

shtëpi fermë
בית חווה

deng bari
חבילת שחת

hangar
אסם

fushë
שדה

kal
סוס

rimorkio
עגלת נגרר

kërriç
סייח

traktor
טרקטור

gomar
חמור

dele
כבש

qengj
טלה

dhi
עז

lopë
פרה

viç
עגל

derr
חזיר

derrkuc
חזרזיר

dem
שור

patë

אווז

rosë

ברווז

zog pule

אפרוח

pulë

תרנגולת

gjel

תרנגול

mi

חולדה

mace

חתול

mi

עכבר

buall

שור

qen

כלב

kolibe qeni

מלונה

zorrë vaditëse

צינור השקיה

vaditëse

קנקן מים

kosë

חרמש

plug

מחרשה

drapër

מגל

shat

מגרפה

kosa

קלשון

sëpatë

גרזן

karrocë

מריצה

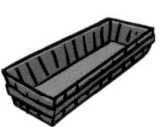

govatë

שוקת

bidon qumështi

כד חלב

thes

שק

gardh

גדר

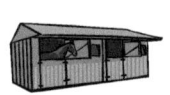

ahur

אורווה

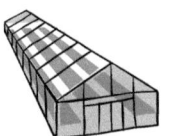

serë

חממה

dhe

אדמה

farë

זרע

pleh

דשן

autokombanjë

מקצרה

korr

קצר

te korrat

קציר

patate e ëmbël "Yam"

בטטה אפריקנית

grurë

חיטה

soja

סויה

patate

תפוח אדמה

misër

תירס

raps

קנולה

pemë frutore

עץ פירות

zhardhok manioku

קסבה

drithëra

דגנים

shtëpi
בית

oxhak
ארובה
çati
גג
shkarkues uji
מרזב
dritare
חלון
garazh
מוסך
zile e derës
פעמון
derë
דלת
kosh plehërash
פח אשפה
kuti postare
תיבת מכתבים
kopësht
גינה

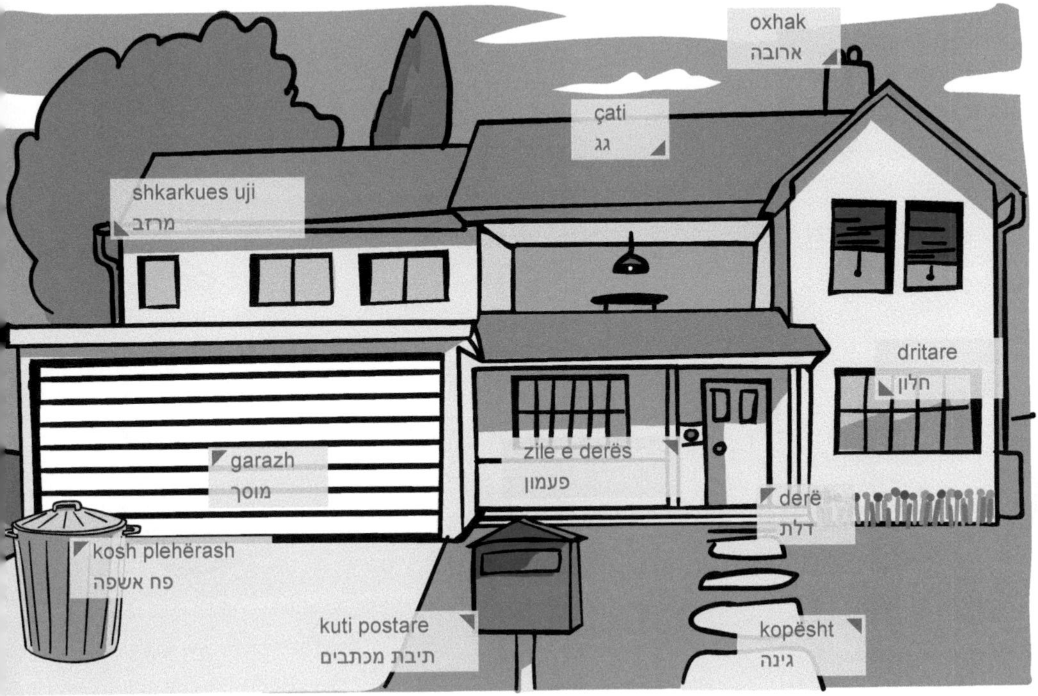

dhomë ndenjeje
סלון

tualet
חדר אמבטיה

kuzhinë
מטבח

dhomë gjumi
חדר שינה

dhomë fëmijësh
חדר ילדים

dhomë ngrënieje
חדר אוכל

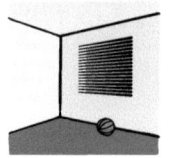

dysheme

רצפה

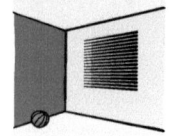

mur

קיר

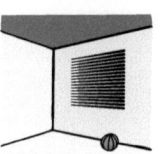

tavan

תקרה

bodrum

מרתף

sauna

סאונה

ballkon

מרפסת

tarracë

מרפסת

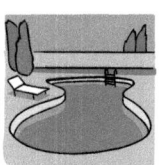

pishinë

בריכה

kositëse bari

מכסחת דשא

çarçaf

סדין

kuvertë

כיסוי מיטה

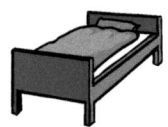

krevat

מיטה

fshesë dore

מטאטא

kovë

דלי

çelës

מפסק

dhomë ndenjeje
סלון

tapiceri
טפט
fotografi
תמונה
llambë
מנורה
raft
מדף
dollap
ארון
pajisje televizive
טלוויזיה
vatër
אח
lule
פרח
jastëk
כרית
divan
ספה
vazo
אגרטל
telekomandë
שלט רחוק

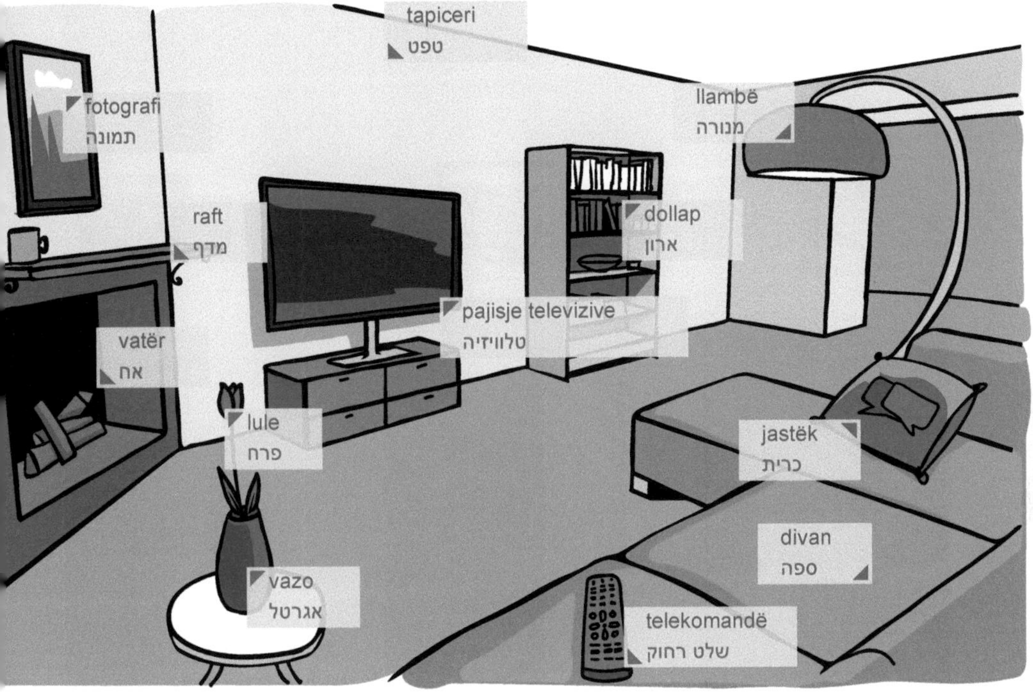

qilim

שטיח

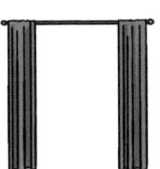

perde

וילון

tavolinë

שולחן

karrige

כסא

karrige lëkundëse

כיסא נדנדה

kolltuk

כורסה

libri

ספר

batanije

שמיכה

zbukurime

דקורציה

dru zjarri

עצי הסקה

film

סרט

stereo

מערכת סטריאו

çelës

מפתח

gazetë

עיתון

pikturë

ציור

afishe

פוסטר

radio

רדיו

bllok shënimesh

מחברת

fshesë me korent

שואב אבק

kaktus

קקטוס

qiri

נר

kuzhinë
מטבח

frigorifer
מקרר
mikrovalë
מיקרוגל
toster
טוסטר
detergjent
חומר ניקוי
furrë
תנור
ngrirës
מקפיא
kosh plehërash
פח אשפה
lavastovilje
מדיח כלים

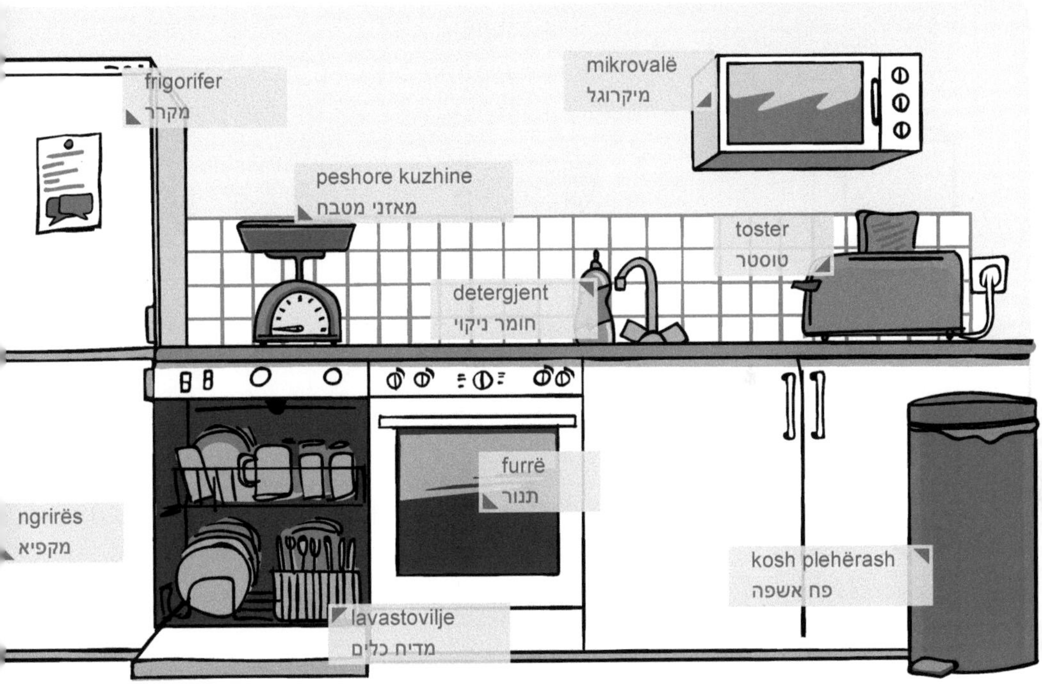

sobë
תנור

tenxhere
סיר

tenxhere me kapak
סיר ברזל

tigan special (Wok)
ווק

tigan
מחבת

çajnik
קומקום חשמלי

tenxhere me avull

מאדה

tavë pjekjeje

מגש אפייה

enë

כלי אוכל

filxhan

ספל

tas

קערה

shkopinj

צ'ופסטיקס

garuzhde

מצקת

spatul

מרית

tel kuzhine

מטרפה

kulluese

מסננת בישול

sitë

מסננת

rende

מגרדת

havan

מכתש

skarë

גריל

zjarr

מדורה

dërrasë për prerje

קרש חיתוך

okllai

מערוך

heqëse tapash

פותחן פקקים

kanaçe

פחית

hapëse kanaçeje

פותחן קופסאות

rrobë për të kapur
tenxheren
מטלית

lavaman

כיור

furçë

מברשת

sfungjer

ספוג

përzjerës

בלנדר

ngrirës

מקפיא

biberon për lëngje

בקבוק לתינוק

rubinet

ברז

tualet
חדר אמבטיה

ngrohje
חימום
dush
מקלחת
peshqirë
מגבת
perde dushi
וילון מקלחת
vaskë me shkumë
אמבטיית קצף
vaskë
אמבטיה
gotë
כוס
lavatriçe
מכונת כביסה
rubinet
ברז
pllaka
אריחים
oturak
סיר לילה
lavaman
כיור

tualet
אסלה

WC e sheshtë
אסלת כריעה

bide
בידה

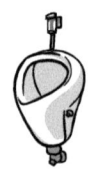

tualet publik
משתנה

letër higjienike
נייר טואלט

furçe për WC
מברשת אסלה

furçë dhëmbësh

מברשת שיניים

pastë dhëmbësh

משחת שיניים

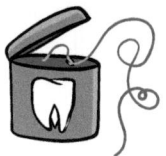

fije dentare

חוט דנטלי

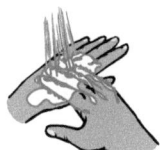

laj

שטף

dorezë dushi

מקלחת יד

larës për zonën intime

צינור שטיפה לשירותים

legen

קערת רחצה

furçë për masazh shpine

מברשת גב

sapun

סבון

shampo trupi

ג'ל רחצה

shampo

שמפו

leckë pastruese

ליפה

kullues

ניקוז

krem

קרם

antidjersë

דיאודורנט

pasqyrë

מראה

pasqyrë dore

מראת יד

brisk rroje

סכין גילוח

shkumë rroje

קצף גילוח

locion pas rrojes

אפטרשייב

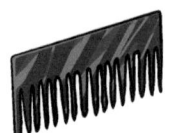

krehër

מסרק

furçë

מברשת

tharëse flokësh

מייבש שיעור

llak për flokët

ספריי לשיער

grim

איפור

buzëkuq

שפתון

manikyr

לק

mbushje pambuku

צמר גפן

gërshërë për thonj

מספריים לציפורניים

parfum

בושם

ntë për sendet personale

תיק כלי רחצה

Stol

שרפרף

peshore

משקל

robëdëshambër

חלוק רחצה

dorashka gome

כפפות גומי

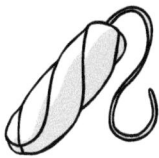

tampon

טמפון

peceta higjienike

תחבושת סניטרית

tualet I lëvizshëm

שירותים כימיקליים

dhomë fëmijësh

חדר ילדים

orë me zile
שעון מעורר
lodra me pellushë
צעצוע חיבוק
makinë lodër
מכונית צעצוע
rraketake
רעשן
shtëpi kukullash
בית בובות
dhuratë
מתנה

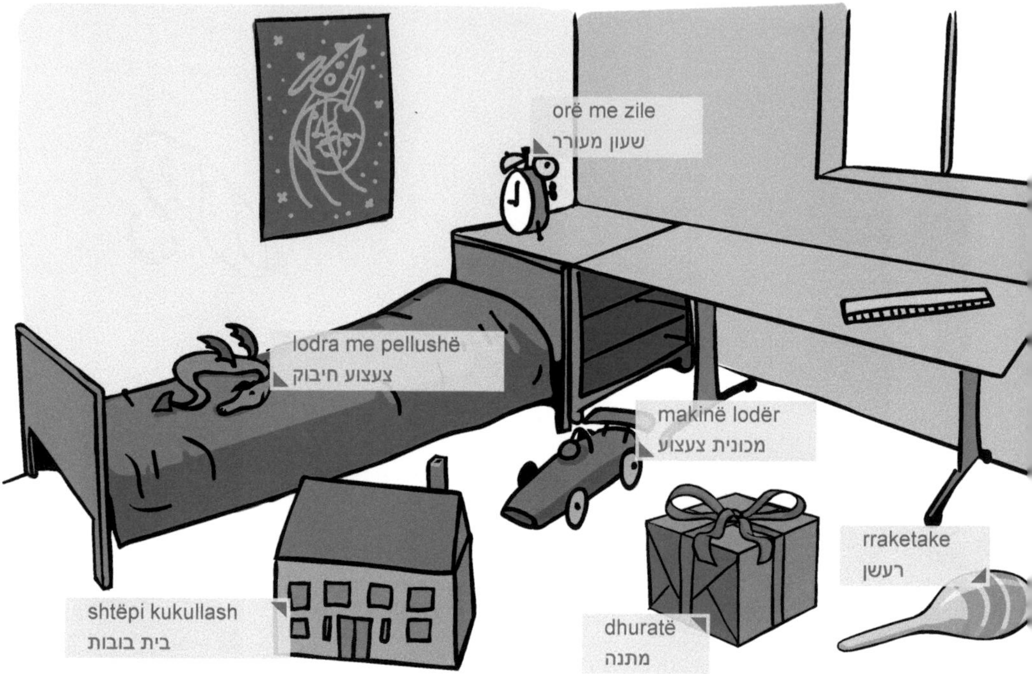

tollumbace

בלון

krevat

מיטה

karrocë fëmijësh

עגלה

lojë me letra

משחק קלפים

bashkim pjesësh me figura

פאזל

komik

קומיקס

formuese lodër

לגו

kuba plastikë

קוביות משחק

lodra

דמות משחק

badi

סרבל תינוקות

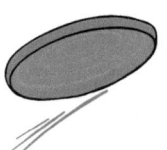

frizbi

פריזבי

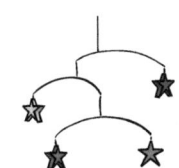

lodra të varura tek krevati i fëmijëve

נייד

tavolinë lojërash

משחק לוח

zare

קוביה

model treni

רכבת צעצוע

biberon

מוצץ

festë

מסיבה

libër me ilustrime

אלבום תמונות

top

כדור

kukull

בובה

luaj

שיחק

grumbull rëre

ארגז חול

kolovarëse

נדנדה

lodra

צעצועים

leva për lojra video

קונסולת משחקים

triçikël

אופניים תלת גלגלי

arush prej pellushi

דובון

garderobë

ארון בגדים

veshje

בגדים

çorape

גרביים

çorape të gjata

גרביונים

geta

גרביון

shall
צעיף

çadër
מטריה

bluzë pa jakë
חולצת טי

rrip
חגורה

çizme
מגפיים

pantofla
נעלי בית

atlete
נעלי ספורט

sandale
סנדלים

këpucë
נעליים

çizme llastiku
מגפי גומי

të mbathura
תחתונים

reçipeta
חזייה

kanotierë
וסט

trup

גוף

pantallona

מכנסיים

xhinse

ג'ינס

fund

חצאית

bluzë

חולצה מכופתרת

këmishë

חולצה

pulovër

אפודה

triko

סווצ'ר עם קפוצ'ון

xhaketë

בלייזר

xhaketë

ז'קט

pallto

מעיל

mushama shiu

מעיל גשם

kostum

תלבושת

fustan

שמלה

fustan nusërie

שמלת כלה

kostum

חליפה

këmishë nate

כותונת לילה

pizhama

פיג'מה

sari (veshje tradicionale indiane)

סארי

shami koke

מטפחת ראש

çallmë

טורבן

eshje për femrat e besimit musliman

בורקה

kaftan (lloj veshjeje tradicionale)

קאפטן

ferexhe

עבאיה

kostum banje

בגד ים

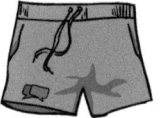

rroba banje

בגד ים

pantallona të shkurtra

מכנסיים קצרים

tuta sporti

בגד אימון

përparëse

סינר

dorashka

כפפות

kopsë

כפתור

syze

משקפיים

byzylyk

צמיד יד

gjerdan

שרשרת

unazë

טבעת

vath

עגיל

kapuç

כובע

varëse për pallto

קולב

kapele

כובע

kravatë

עניבה

zinxhir

רוכסן

helmetë

קסדה

tiranda

כתפיות

uniformë shkolle

תלבושת בית ספר

uniformë

מדים

gushore

מפית אוכל

biberon

מוצץ

pelenë

חיתול

zyrë
משרד

server
שרת
skedar
תיקייה
printer
מדפסת
letër
נייר
ekran
מסך
tavolinë
שולחן עבודה
maus
עכבר
dosje
תיק
tastierë
מקלדת
kosh letrash
סל נייר
kompjuter
מחשב
karrige
כסא

filxhan kafeje

ספל קפה

makinë llogaritëse

מחשבון

internet

אינטרנט

kompjuter portativ

מחשב נייד

letër

מכתב

mesazh

הודעה

telefon

נייד

rrjet

רשת

fotokopje

מכונת צילום

program

תוכנה

telefon

טלפון

prizë

שקע

pajisje faksi

פקס

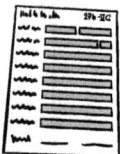

formular

טופס

dokument

מסמך

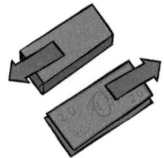

blej

קנה

paguaj

שילם

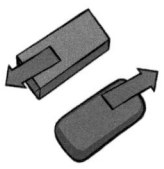

tregtoj

סחר

para

כסף

dollar

דולר

euro

יורו

jen

ין

rubla

רובל

franga zvicerane

פרנק שווייצרי

juani kinez

יואן רנמינבי

rupje

רופי

bankomat

כספומט

pikë këmbimi valutor

המרת מטבע

ar

זהב

argjend

כסף

nafta

נפט

energji

אנרגיה

çmim

מחיר

kontratë

חוזה

taksë

מס

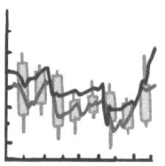

aksione

מנייה

punoj

עבד

punonjës

עובד

punëdhënës

מעסיק

fabrikë

מפעל

dyqan

חנות

profesionet
מקצועות

oficer policie
שוטר
zjarrfikës
כבאי
kuzhinier
טבח
mjek
רופא
pilot
טייס

kopshtar
גנן

marangoz
נגר

rrobaqepëse
תופרת

gjykatës
שופט

kimist
כימאי

aktor
שחקן

shofer autobuzi

נהג אוטובוס

taksist

נהג מונית

peshkatar

דייג

pastruese

עובדת נקיון

riparues çatish

מתקן גגות

kamarier

מלצר

gjuetar

צייד

piktor

צייר

furrxhi

אופה

elektriçist

חשמלאי

ndërtues

עובד בניין

inxhinier

מהנדס

kasap

קצב

hidraulik

אינסטלטור

postieri

דוור

ushtar

חייל

arkitekt

אדריכל

arkëtar

קופאי

luleshitës

מוכר פרחים

berber

ספר

kontrollor

כרטיסן

mekanik

מכונאי

kapiten

קברניט

dentist

רופא שיניים

shkencëtar

מדען

rabin

רב

imam

אימאם

murg

נזיר

klerik

כומר

mjete
כלי עבודה

çekiç
פטיש
pinca
צבת
kaçavidë
מברג
çelës mekanik
מפתח ברגים
elektrik dore
פנס

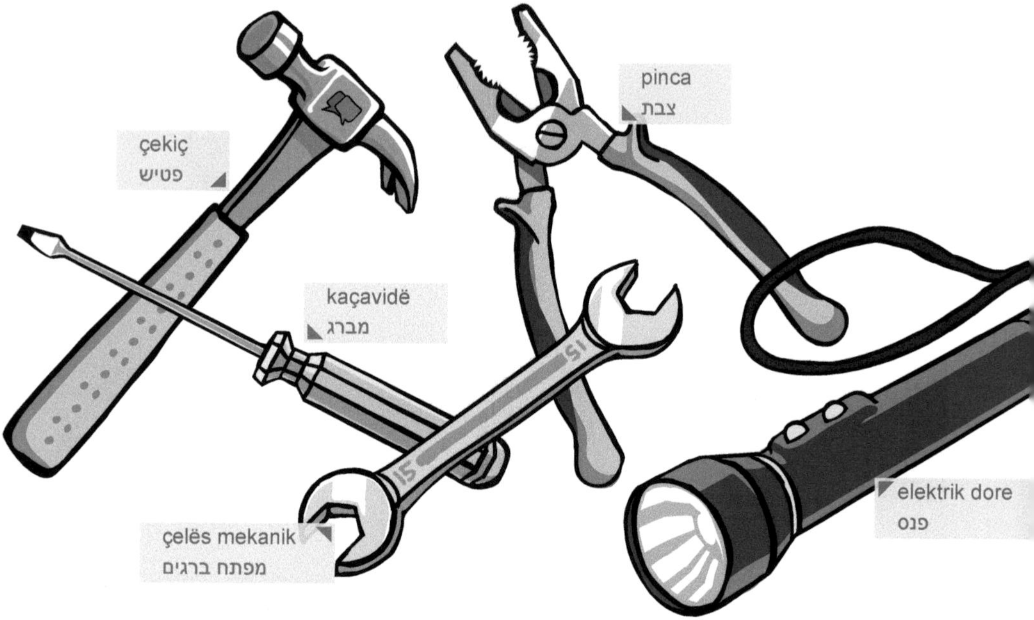

ekskavator

דחפור

kuti veglash

ארגז כלים

shkallë

סולם

sharrë

מסור

gozhdë

מסמרים

trapan

מקדחה

riparoj

תיקן

lopatë

את חפירה

Dreq!

לעזאזל!

kaci

יעה

kuti boje

פח צבע

vidhë

ברגים

instrumenta muzikorë

כלי נגינה

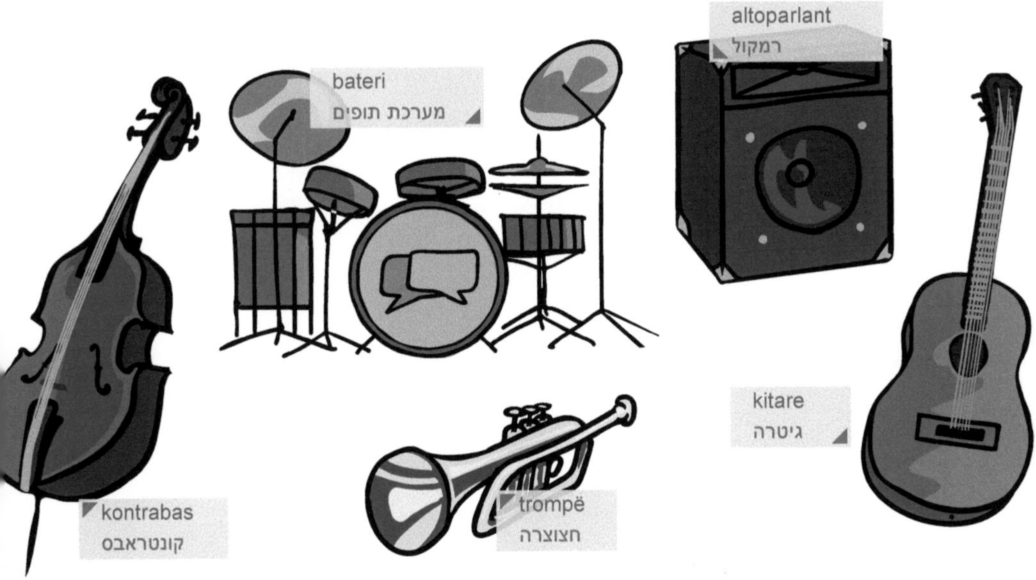

altoparlant
רמקול
bateri
מערכת תופים
kitare
גיטרה
kontrabas
קונטראבס
trompë
חצוצרה

piano

פסנתר

violinë

כינור

bas

בס

tamburë

תוף הדוד

daulle

תופים

tastierë pianoje

מקלדת פסנתר

saksofon

סקסופון

flaut

חליל

mikrofon

מיקרופון

kopsht zoologjik

גן חיות

hyrje
כניסה
tigër
נמר
kafaz
כלוב
zebër
זברה
ushqim për kafshë
מזון לחיות
panda
פנדה

kafshë

בעלי חיים

elefant

פיל

kangur

קנגרו

rinoceront

קרנף

gorillë

גורילה

ari

דוב

deve

גמל

struc

יען

luan

אריה

majmun

קוף

flamingo

פלמינגו

papagall

תוכי

ari polar

דוב הקרח

pinguin

פינגווין

peshkaqen

כריש

pallua

טווס

gjarpër

נחש

krokodil

תנין

punonjës i kopshtit zoologjik

שומר גן החיות

fokë

כלב ים

xhaguar

יגואר

poni

סוס פוני

leopard

לאופרד

hipopotam

היפופוטאם

gjirafë

ג'ירפה

shqiponjë

נשר

derr i egër

חזיר בר

peshk

דג

breshkë

צב

lopë deti

סוס ים

dhelpër

שועל

gazelë

איילה

sportet
ספורט

futboll amerikan
פוטבול אמריקאי
çiklizëm
רכיבת אופניים
tenis
טניס
basketboll
כדורסל
not
שחיה
boks
אגרוף
hokej mbi akull
הוקי

futboll
כדורגל

badminton
בדמינטון

atletikë
אתלטיקה

hendboll
כדור-יד

ski
עשה סקי

polo
פולו

aktivitet

פעילויות

hidhem
קפץ
përqafoj
חיבק
qesh
צחק
eci
הלך
këndoj
שר
ëndërroj
חלם
lutem
התפלל
puth
נשק

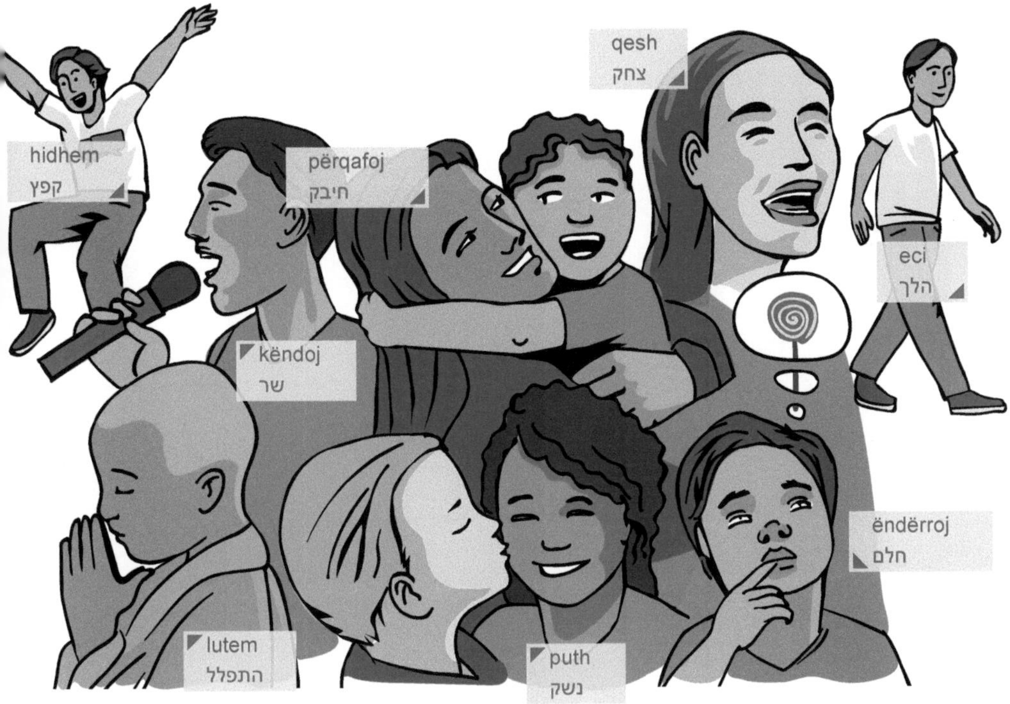

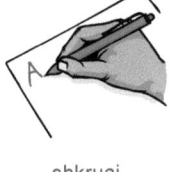

shkruaj

כתב

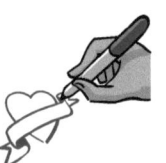

vizatoj

צייר

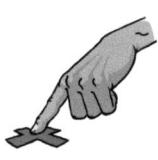

tregoj

הראה

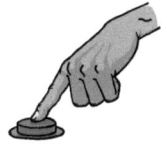

shtyj

דחף

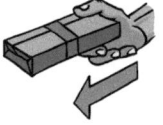

jap

נתן

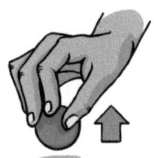

marr

לקח

kam

יש / להיות הבעלים

bëj

עשה

jam

היה

qëndroj

עמד

vrapoj

רץ

tërheq

משך

hedh

זרק

bie

נפל

shtrihem

שכב

pres

חיכה

mbaj

סחב

ulem

ישב

vishem

התלבש

fle

ישן

zgjohem

התעורר

shikoj

הסתכל ב-

qaj

בכה

përkëdhel

ליטף

kreh

סירק

bisedoj

דיבר

kuptoj

הבין

kërkoj

שאל

dëgjoj

שמע

pi

שתה

ha

אכל

sistemoj

סידר

dashuroj

אהב

gatuaj

בישל

drejtoj makinën

נהג

fluturoj

עף

lundroj

....

שט

llogaris

....

חישב

lexoj

....

קרא

mësoj

....

למד

punoj

....

עבד

martohem

....

התחתן

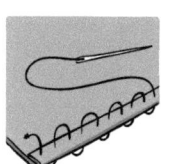

qep

....

תפר

laj dhëmbët

....

ציחצח שיניים

vras

....

הרג

tymos

....

עישן

dërgoj

....

שלח

familje
משפחה

gjyshe
סבתא
gjysh
סבא
baba
אבא
nënë
אימא
bebe
תינוק
vajzë
בת
djalë
בן

mysafir
אורח

teze, hallë
דודה

dajë, xhaxha
דוד

vëlla
אח

motër
אחות

trupi

גוף

balli
מצח
syri
עין
shpatulla
כתף
gishti
אצבע
fytyra
פנים
mjekra
סנטר
dora
כף יד
këmba
רגל
krahërori
חזה
krahu
זרוע

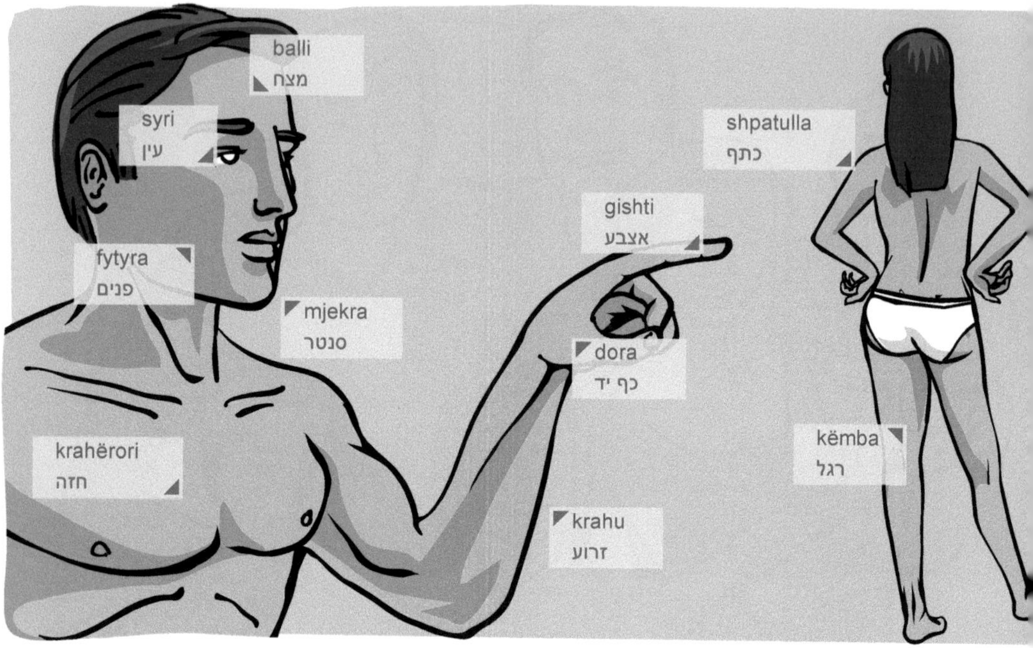

bebe

תינוק

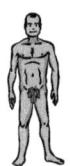

burrë

איש

grua

אישה

vajzë

ילדה

djalë

ילד

koka

ראש

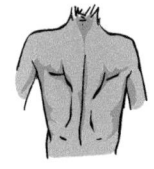

shpina

גב

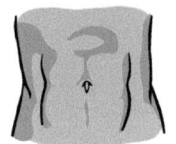

barku

בטן

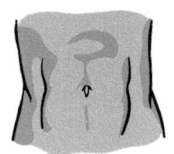

kërthiza

טבור

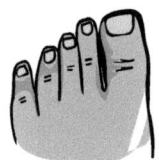

gisht këmbe

אצבע

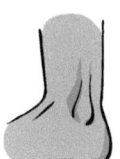

Thembra

עקב

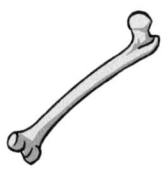

kockë

עצם

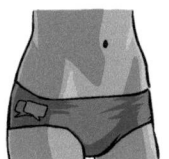

legeni

ירך

gjuri

ברך

bërryli

מרפק

hunda

אף

vithe

עכוז

lëkura

עור

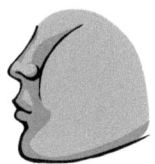

faqja

לחי

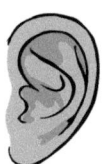

veshi

אוזן

buza

שפתיים

goja

פה

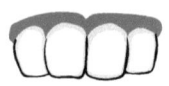

dhëmbët

שן

gjuha

לשון

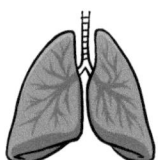

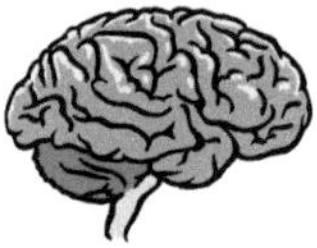

truri

מוח

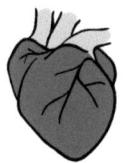

zemra

לב

muskul

שריר

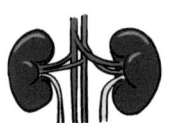

mushkëria

ריאה

mëlçia

כבד

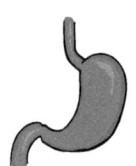

stomaku

קיבה

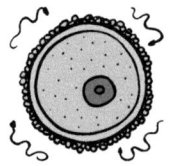

veshka

כליות

seks

מין

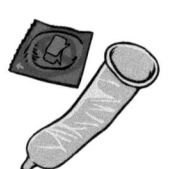

prezervativ

קונדום

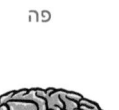

veza

ביצית

sperma

זרע

shtatëzani

הריון

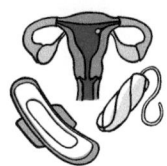

menstruacione

ווסת

vagina

נרתיק

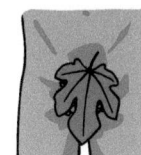

penis

פין

vetulla

גבה

flokët

שיער

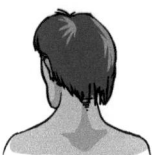

qafa

צוואר

spital
בית חולים

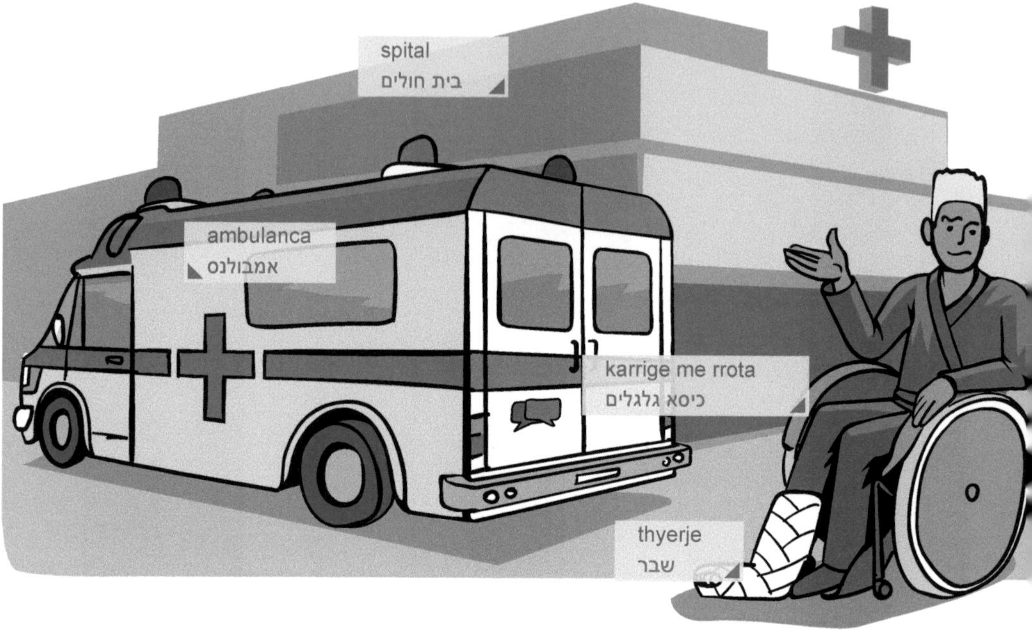

spital
בית חולים
ambulanca
אמבולנס
karrige me rrota
כיסא גלגלים
thyerje
שבר

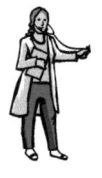

mjek

רופא

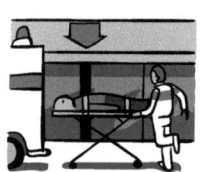

sallë urgjencash

חדר מיון

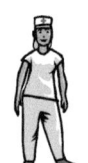

infermiere

אחות

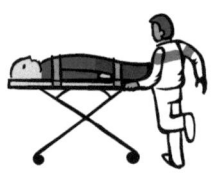

emergjencë

חירום

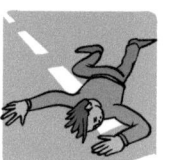

i pandërgjegjshëm

חסר הכרה

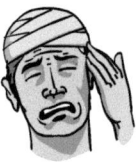

dhimbje

כאב

dëmtim

פציעה

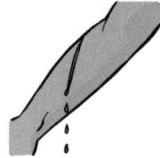

gjakosje

דימום

infarkt

התקף לב

goditje

שבץ

alergji

אלרגיה

kolla

שיעול

ethe

חום

grip

שפעת

diarre

שלשול

dhimbje koke

כאב ראש

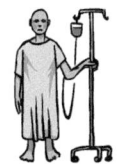

kancer

סרטן

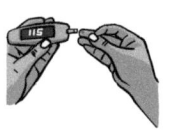

diabet

סוכרת

kirurg

מנתח

bisturi

אזמל

operacion

ניתוח

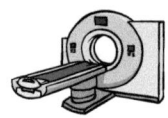

CT (skaner)

סי-טי

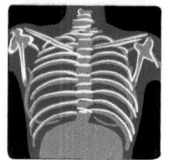

radiografi

רנטגן

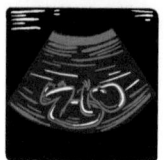

ultratingull

אולטרסאונד

maskë fytyre

מסיכת פנים

sëmundje

מחלה

dhomë pritjeje

חדר המתנה

paterica

קבה

leukoplast

פלסטר

fasho

תחבושת

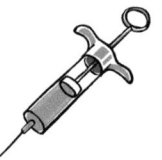

injeksion

זריקה

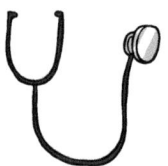

stetoskop

סטטוסקופ

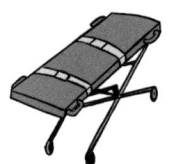

barelë

אלונקה

termometër

מד חום

lindje

לידה

mbipeshë

עודף משקל

aparat dëgjimi

מכשיר שמיעה

dezinfektant

מחטא

infeksion

זיהום

virus

נגיף

HIV / AIDS

איידס

mjekësi, mjekim

תרופה

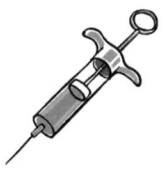

vaksinim

חיסון

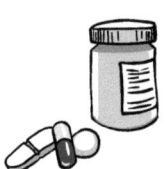

tableta

טבליות

pilulë

גלולה

telefonatë emergjence

קריאת חירום

aparat tensioni

מד לחץ דם

i sëmurë / i shëndetshëm

חולה / בריא

emergjencë
חירום

Ndihmë!

הצילו!

alarm

אזעקה

sulm

פשיטה

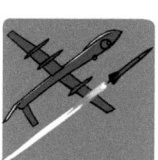

atak

תקיפה

rrezik

סכנה

dalje emergjence

יציאת חירום

Zjarr!

אש!

fikëse zjarri

מטף כיבוי

aksident

תאונה

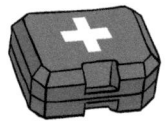

kuti e ndimës së shpejtë

ערכת עזרה ראשונה

SOS

הצילו!

policia

משטרה

toka

כדור הארץ

Europa

אירופה

Amerika e Veriut

צפון אמריקה

Amerika e Jugut

דרום אמריקה

Afrika

אפריקה

Azia

אסיה

Australia

אוסטרליה

Atlantiku

האוקיינוס האטלנטי

Paqësori

האוקיינוס השקט

Oqeani Indian

האוקיינוס ההודי

Oqeani Antarktik

האוקיינוס האנטרקטי

Oqeani Arktik

האוקיינוס הארקטי

Poli i veriut

הקוטב הצפוני

Poli i Jugut

הקוטב הדרומי

Antarktida

אנטארקטיקה

toka

כדור הארץ

tokë

אדמה

det

ים

ishull

אי

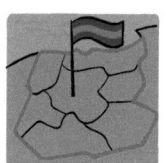

komb

לאום

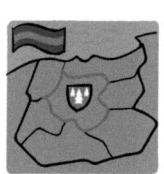

shtet

מדינה

orë

שעון

fusha e orës

פני השעון

akrepi i orës

מחוג השעות

akrepi i minutave

מחוג הדקות

akrepi i sekondave

מחוג השניות

Sa është ora?

?מה השעה

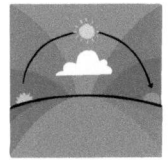

ditë

יום

kohë

זמן

tani

עכשיו

orë dixhitale

שעון דיגיטלי

minutë

דקה

orë

שעה

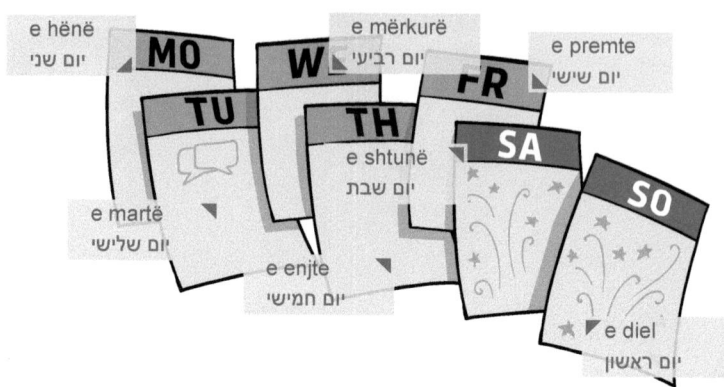

javë

שבוע

MO
TU
W
TH
FR
SA
e hënë
יום שני
e martë
יום שלישי
e mërkurë
יום רביעי
e enjte
יום חמישי
e premte
יום שישי
e shtunë
יום שבת
e diel
יום ראשון

21

dje

אתמול

2

sot

היום

3

nesër

מחר

mëngjes

בוקר

mesditë

צהריים

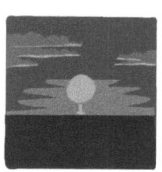

mbrëmje

ערב

MO TU WE TH FR SA SU
1 2 3 4 5 6 7
8 9 10 11 12 13 14
15 16 17 18 19 20 21
22 23 24 25 26 27 28
29 30 31 1 2 3 4

ditë pune

ימי עבודה

MO TU WE TH FR SA SU
1 2 3 4 5 6 7
8 9 10 11 12 13 14
15 16 17 18 19 20 21
22 23 24 25 26 27 28
29 30 31 1 2 3 4

fundjavë

סוף שבוע

shi
גשם
ylber
קשת בענן
erë
רוח
borë
שלג
pranverë
אביב
verë
קיץ
vjeshtë
סתיו
dimër
חורף

4.APRIL 11°
5.APRIL 4°
6.APRIL 13°
7.APRIL 8°
8.APRIL 10°

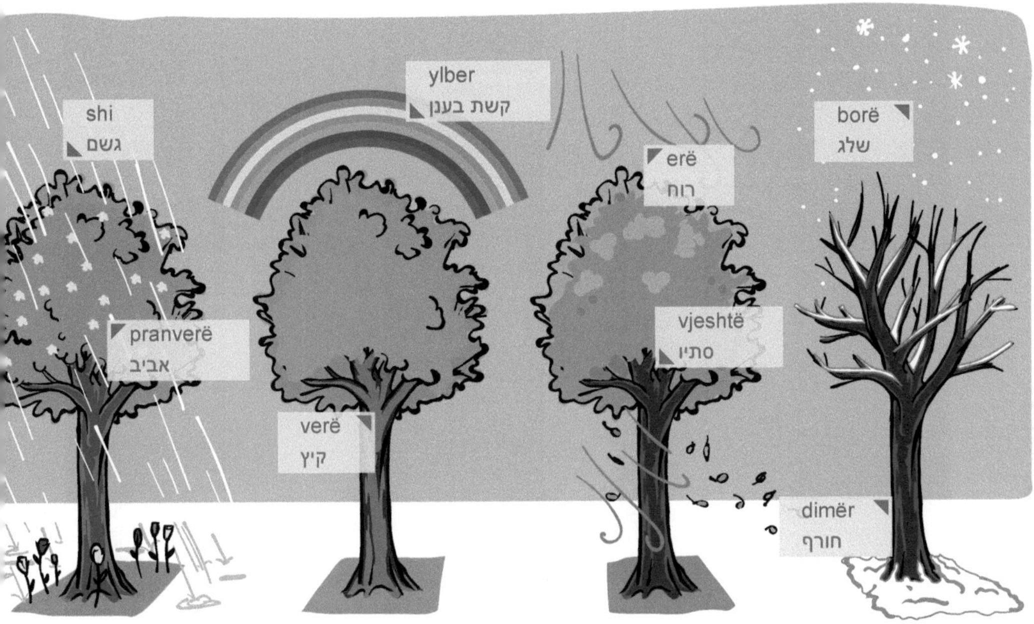

parashikimi i motit
תחזית מזג האוויר

termometër
מד חום

ndriçim dielli
אור שמש

re
ענן

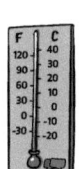

mjegull
ערפל

lagështi
לחות

vetëtima

ברק

gjëmim

רעם

stuhi

סערה

breshër

ברד

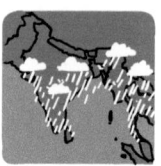

muson

רוח עונתי

përmbytje

שיטפון

akull

קרח

janar

ינואר

shkurt

פברואר

mars

מרץ

prill

אפריל

maj

מאי

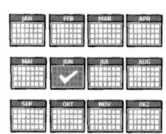

qershor

יוני

korrik

יולי

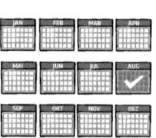

gusht

אוגוסט

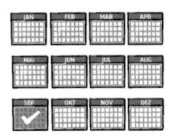

shtator
....
ספטמבר

tetor
....
אוקטובר

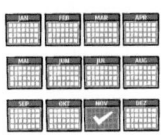

nëntor
....
נובמבר

dhjetor
....
דצמבר

forma

צורות

rreth
....
עיגול

katror
....
מרובע

drejtkëndësh
....
מלבן

trekëndësh
....
משולש

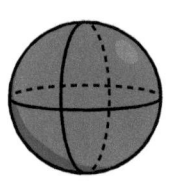

sferë
....
כדור

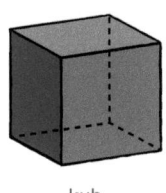

kub
....
קובייה

ngjyra
צבעים

e bardhë

לבן

e verdhë

צהוב

portokalli

כתום

rozë

ורוד

e kuqe

אדום

vjollcë

סגול

blu

כחול

e gjelbër

ירוק

kafe

חום

gri

אפור

e zezë

שחור

të kundërta

הפכים

shumë / pak

הרבה / מעט

i nevrikosur / i qetë

כועס / רגוע

i bukur / i shëmtuar

יפה / מכוער

fillim / fund

התחלה / סוף

i madh / i vogël

גדול / קטן

i ndritshëm / i errët

בהיר / כהה

vëlla / motër

אח / אחות

e pastër / e pistë

נקי / מלוכלך

e plotë / jo e plotë

שלם / חלקי

ditë / natë

יום /לילה

gjallë / vdekur

מת / חי

i gjerë / i ngushtë

רחב / צר

i ngrënshëm / i pangrënshëm
אכיל / לא אכיל

i keq / i këndshëm
רשע / טוב לב

i lumtur / i mërzitur
מתרגש / משועמם

i shëndoshë / i dobët
שמן / רזה

e para / e fundit
ראשון / אחרון

mik / armik
חבר / אויב

plot / bosh
מלא / ריק

e fortë / e butë
קשה / רך

e rëndë / e lehtë
כבד / קל

uri / etje
רעב / צמא

i sëmurë / i shëndetshëm
חולה / בריא

e paligjshme / e ligjshme
בלתי-חוקי / חוקי

i zgjuar / budalla
נבון / טיפש

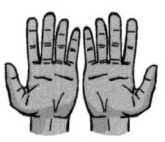

majtas / djathtas
שמאל / ימין

afër / larg
קרוב / רחוק

e re / e përdorur

חדש / משומש

asgjë / diçka

כלום / משהו

i moshuar / i ri

זקן / צעיר

ndezur / fikur

פעיל / כבוי

hapur / mbyllur

פתוח / סגור

i qetë / i zhurmshëm

שקט / רועש

i pasur / i varfër

עשיר / עני

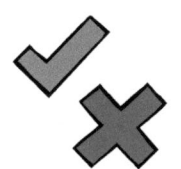

e drejtë / e gabuar

נכון / שגוי

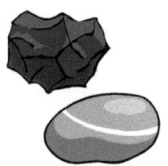

i ashpër / i butë

מחוספס / חלק

i mërzitur / i lumtur

עצוב / שמח

i shkurtër / i gjatë

קצר / ארוך

ngadalë / shpejt

איטי / מהיר

i lagësht / i thatë

רטוב / יבש

ngrohtë / freskët

חם / קר

luftë / paqe

מלחמה / שלום

numra
מספרים

0	1	2
zero	një	dy
אפס	אחת	שתיים
3	4	5
tre	katër	pesë
שלוש	ארבע	חמש
6	7	8
gjashtë	shtatë	tetë
שש	שבע	שמונה
9	10	11
nentë	dhjetë	njëmbëdhjetë
תשע	עשר	אחת-עשרה

12
dymbëdhjetë

שתים-עשרה

13
trembëdhjetë

שלוש-עשרה

14
katërmbëdhjetë

ארבע-עשרה

15
pesëmbëdhjetë

חמש-עשרה

16
gjashtëmbëdhjetë

שש-עשרה

17
shtatëmbëdhjetë

שבע-עשרה

18
tetëmbëdhjetë

שמונה-עשרה

19
nentëmbëdhjetë

תשע-עשרה

20
njëzetë

עשרים

100
qind

מאה

1.000
mijë

אלף

1.000.000
milion

מיליון

anglisht

אנגלית

anglishte amerikane

אנגלית אמריקאית

kinezisht mandarin

סינית מנדרינית

hindi

הודית

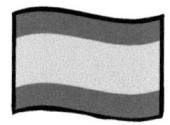

spanjisht

ספרדית

frëngjisht

צרפתית

arabisht

ערבית

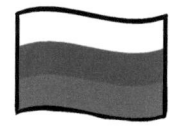

rusisht

רוסית

portugalisht

פורטוגזית

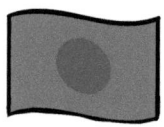

bengalisht

בנגלית

gjermanisht

גרמנית

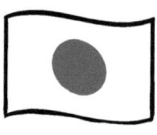

japonisht

יפנית

kush / çfarë / si
מי / מה / איך

unë

אני

ti

אתה / את

ai / ajo

הוא / היא / זה

ne

אנחנו

ju

אתם

ata

הם

kush?

?מי

çfarë?

?מה

si?

?איך

ku?

?איפה

kur?

?מתי

emër

שם

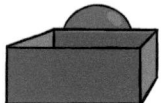

ku

איפה

pas

מאחור

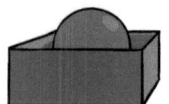

në

בתוך

përballë

לפני

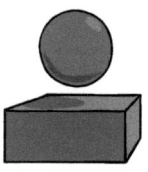

sipër

מעל

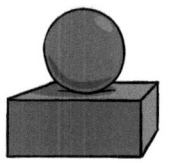

mbi

על

poshtë

מתחת

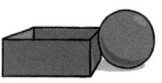

pranë

ליד

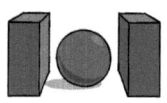

midis

בין

vend

מקום